W9-BOC-463

Introducción a los padres

We Both Read es la primera serie de libros diseñada para invitar a padres e hijos a compartir la lectura de un cuento, por turnos y en voz alta. Esta "lectura compartida" —que se ha desarrollado en conjunto con especialistas en primeras lecturas— invita a los padres a leer los textos más complejos en la página de la izquierda. Luego, les toca a los niños leer las páginas de la derecha, que contienen textos más sencillos, escritos específicamente para primeros lectores.

Leer en voz alta es una de las actividades más importantes que los padres comparten con sus hijos para ayudarlos a desarrollar la lectura. Sin embargo, *We Both Read* no es solo leerle *a* un niño, sino que les permite a los padres leer *con* el niño. *We Both Read* es más poderoso y efectivo porque combina dos elementos claves del aprendizaje: "demostración" (el padre lee) y "aplicación" (el niño lee). El resultado no es solo que el niño aprende a leer más rápido, ¡sino que ambos disfrutan y se enriquecen con esta experiencia!

Sería más útil si usted lee el libro completo y en voz alta la primera vez, y luego invita a su niño a participar en una segunda lectura. En algunos libros, las palabras más difíciles se presentan por primera vez en **negritas** en el texto del padre. Señalar o hablar sobre estas palabras ayudará a su niño a familiarizarse con ellas y a ampliar su vocabulario. También notará que el ícono "lee el padre" ☺ precede el texto del padre y el ícono "lee el niño" ☺ precede el texto del niño.

Lo invitamos a compartir y a relacionarse con su niño mientras leen el libro juntos. Si su hijo tiene dificultad, usted puede mencionar algunas cosas que lo ayuden. "Decir cada sonido" es bueno, pero puede que esto no funcione con todas las palabras. Los niños pueden hallar pistas en las palabras del cuento, en el contexto de las oraciones e incluso de las imágenes. Algunos cuentos incluyen patrones y rimas que los ayudarán. También le podría ser útil a su niño tocar las palabras con su dedo mientras leen para conectar mejor el sonido de la voz con la palabra impresa.

¡Al compartir los libros de *We Both Read*, usted y su hijo vivirán juntos la fascinante aventura de la lectura! Es una manera divertida y fácil de animar y ayudar a su niño a leer —¡y una maravillosa manera de preparar a su niño para disfrutar de la lectura durante toda su vida!

Parent's Introduction

We Both Read is the first series of books designed to invite parents and children to share the reading of a story by taking turns reading aloud. This "shared reading" innovation, which was developed with reading education specialists, invites parents to read the more complex text and storyline on the left-hand pages. Then, children can be encouraged to read the right-hand pages, which feature less complex text and storyline, specifically written for the beginning reader.

Reading aloud is one of the most important activities parents can share with their child to assist in his or her reading development. However, *We Both Read* goes beyond reading *to* a child and allows parents to share the reading *with* a child. *We Both Read* is so powerful and effective because it combines two key elements in learning: "modeling" (the parent reads) and "doing" (the child reads). The result is not only faster reading development for the child, but a much more enjoyable and enriching experience for both!

You may find it helpful to read the entire book aloud yourself the first time, then invite your child to participate in the second reading. In some books, a few more difficult words will first be introduced in the parent's text, distinguished with **bold lettering**. Pointing out, and even discussing, these words will help familiarize your child with them and help to build your child's vocabulary. Also, note that a "talking parent" icon ⟲ precedes the parent's text and a "talking child" icon ⟲ precedes the child's text.

We encourage you to share and interact with your child as you read the book together. If your child is having difficulty, you might want to mention a few things to help him or her. "Sounding out" is good, but it will not work with all words. Children can pick up clues about the words they are reading from the story, the context of the sentence, or even the pictures. Some stories have rhyming patterns that might help. It might also help them to touch the words with their finger as they read, to better connect the voice sound and the printed word.

Sharing the *We Both Read* books together will engage you and your child in an interactive adventure in reading! It is a fun and easy way to encourage and help your child to read—and a wonderful way to start your child off on a lifetime of reading enjoyment!

Big Cats, Little Cats • Felinos grandes y pequeños

A We Both Read English/Spanish Bilingual Edition: Level PK-K
Guided Reading: Level A

_____

Text Copyright © 2010, 2015 by Treasure Bay, Inc.
By Sindy McKay
Reading Consultant: Bruce Johnson, M.Ed.
Editorial and Production Services by Cambridge BrickHouse, Inc.
Spanish translation © 2014 by Treasure Bay, Inc.

Published by Treasure Bay, Inc.
P.O. Box 119
Novato, CA 94948 USA

Printed in Malaysia

Library of Congress Catalog Card Number: 2014946786

ISBN: 978-1-60115-070-7

Visit us online at:
WeBothRead.com

PR-11-19

WE BOTH READ®

Big Cats, Little Cats
Felinos grandes y pequeños

By Sindy McKay

Traducido por Yanitzia Canetti

TREASURE BAY

What's soft and furry and sometimes purrs?

¿Qué es suave y peludo, y a veces ronronea?

A cat.

Un gato.

A cat is a feline. Cats can be little. Cats can also be very . . .

El gato es un felino. Los felinos pueden ser pequeños. ¡Los felinos también pueden ser muy . . .

. . . big!

. . . grandes!

The tiger is the largest cat in the animal world, even bigger than a lion! A baby tiger is called . . .

El tigre es el felino más grande del mundo, ¡incluso más grande que el león! Al bebé del tigre se le llama . . .

. . . a cub.

. . . cachorro.

Most tigers are orange. Some tigers are white.
All tigers have stripes that are . . .

La mayoría de los tigres son anaranjados. Algunos tigres son blancos. Todos los tigres tienen rayas . . .

. . . black.

. . . negras.

Can you pet this cat?

¿Puedes acariciar este felino?

No!

¡No!

This big cat is called a *cheetah*. Its fur is tan with round black dots or . . .

Este gran felino se llama guepardo. *Su pelaje es de color canela con puntos redondos y negros o . . .*

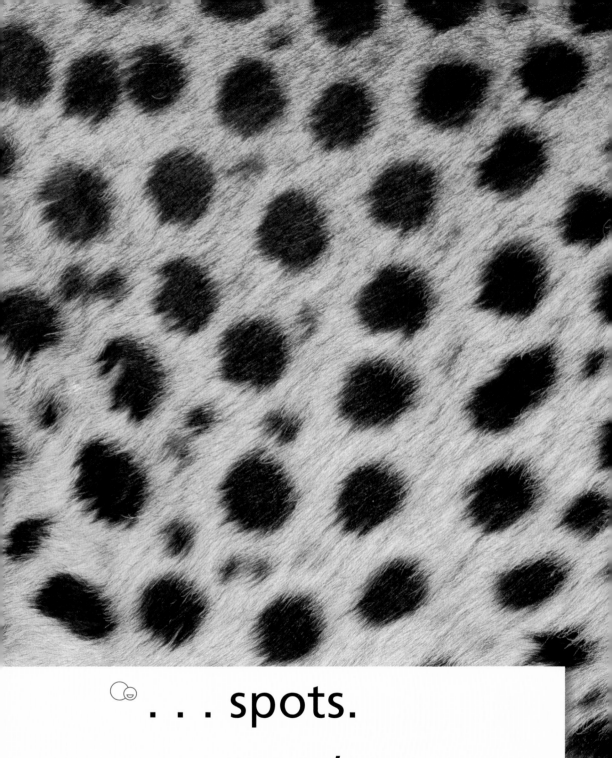

. . . spots.

. . . manchas.

The cheetah can run faster than any other land animal.

El guepardo puede correr más rápido que ningún otro animal terrestre.

Go, cat, go!

¡Corre, felino, corre!

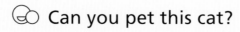 Can you pet this cat?

¿Puedes acariciar este felino?

No!

¡No!

The lion is called the "king of the jungle."
But sometimes even a king has to take . . .

*Al león se le conoce como "El rey de la selva".
Pero a veces hasta un rey tiene que tomar . . .*

. . . a nap.

. . . una siesta.

How many lions do you see in this picture?

¿Cuántos leones ves en esta foto?

Five!

¡Cinco!

A male lion has a growth of long hair around his neck called a *mane*. Female lions . . .

El león macho tiene un crecimiento de pelos largos alrededor de su cuello llamado melena. Las leonas . . .

. . . do not.

. . . no lo tienen.

Can you pet these cats?

¿Puedes acariciar estos felinos?

No!

¡No!

Another big cat with spots on its fur is the leopard. Leopards are good climbers and often like to hang out in . . .

Otro gran felino con manchas en su piel es el leopardo. Los leopardos son buenos trepadores y a menudo les gusta pasar el rato en los . . .

. . . trees.

. . . árboles.

A cat that looks similar to the leopard is called a *jaguar*. Many jaguars live in the rain forest, and they are very good swimmers. They like the . . .

Un felino que se parece al leopardo es el jaguar. Muchos jaguares viven en la selva tropical y son muy buenos nadadores. A ellos les gusta el . . .

. . . water.

. . . agua.

Can you pet this cat?

¿Puedes acariciar este felino?

No!

¡No!

A cat that is sometimes called a *black panther* is actually a leopard whose fur is black. If you look closely, you can see . . .

Un felino al que a veces se le llama pantera negra es en realidad un leopardo cuya piel es de color negro. Si lo miras de cerca, puedes ver . . .

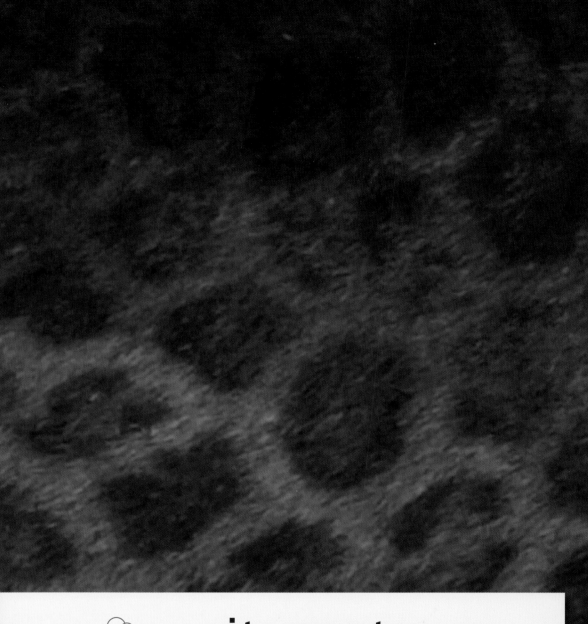

. . . its spots.

. . . sus manchas.

Black panthers hunt at night when they are hard to see. During the day they often climb trees . . .

Las panteras negras cazan en la noche cuando son difíciles de ver. Durante el día, a menudo suben a los árboles a . . .

. . . to rest.

. . . descansar.

Can you pet this cat?

¿Puedes acariciar este felino?

No!

¡No!

Tigers, cheetahs, lions, jaguars, and leopards are relatives of the smaller furry pets found in many homes. They're all called . . .

Tigres, guepardos, leones, jaguares y leopardos son parientes de los animales peludos pequeños que se encuentran en muchos hogares. Todos son . . .

 . . . cats.

. . . *felinos.*

Can you pet this cat?

¿Puedes acariciar este felino?

YES!

¡SÍ!

If you liked **Big Cats, Little Cats,** here is another
We Both Read® book you are sure to enjoy!

*Si te gustó **Felinos grandes y pequeños,** ¡seguramente disfrutarás
este otro libro de la serie We Both Read®!*

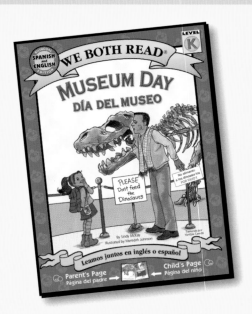

Museum Day / Día del museo

This book follows a young girl and her dad as they spend a charming day exploring all the fascinating exhibits in a museum. Along the way, a little bird adds some delightful humor as it manages to get into the museum and follows the girl and her dad throughout their day.

Este libro acompaña a una niña y su papá mientras ellos pasan un día encantador explorando las fascinantes exhibiciones de un museo. Durante el recorrido, un pajarito añade un toque delicioso de humor, ya que se las arregla para entrar al museo y seguir a la niña y su papá durante todo el día.

To see all the We Both Read books that are available,
just go online to **www.WeBothRead.com**.

*Para ver todos los libros disponibles de la serie We Both Read®,
visita nuestra página web: **www.WeBothRead.com**.*